AF284516

Glück liegt
als deine Hand
in meiner auf dem Weg

Augen auf
das Meer zu Füßen

die Zeit möge still
stehen

Für Andrea

Norbert Rheindorf

Federleicht

Gedichte

Impressum

Bibliografische Information der Deutschen Nationalbibliothek:
Die Deutsche Nationalbibliothek verzeichnet diese Publikation in der Deutschen Nationalbibliografie; detaillierte bibliografische Daten sind im Internet über http://dnb.dnb.de abrufbar.

Titelfoto: Oliver Mohr / pixelio.de

Herstellung und Verlag: BoD – Books on Demand, Norderstedt

ISBN: 978-3-7557-7705-2

Monolog

So viel
Sprachlosigkeit

dabei reden doch alle
durcheinander

es ist
leider
kein Sprechen und Hören

nur Monolog
und Geschrei

Farbe

Blätter und Wind
eine Liebesbeziehung

Farbe
in der Luft

erinnert uns
an den Herbst
unserer Tage

und ihr wunderbares Licht

Leinwand

Im Winter
liegt die Verheißung von Glück

Stille, Klarheit, lange Nächte

Raum für Gedanken

der Schnee

eine Leinwand
für neue Spuren

lass uns
die Stiefel schnüren

und

wenn du magst
gib mir deine Hand

Licht

Es wird nicht mehr hell
im Gemüt

im Fenster dieser Tage
bist du
Licht

Dauerregen

Taube Ohren
eifrige Münder

die Bewehrung
der Zivilisation

verwittert
im Dauerregen

aus Egoismus
und Ignoranz

Atemzug

Man sieht jeden Atemzug

in dieser Kälte

steht der Mond
noch lange sichtbar
am klaren Himmel

über den Feldern

fällt früh
eine Ahnung von Winter

die Gerüche des Morgens
gefallene Äpfel und Blätter
in den Resten des Regens
der Nacht

Wind

Auf den Spielfeldern
die wir zu dominieren dachten
herrscht der Wind
nach Belieben

er ist Beschützer
seiner Heimat

mal Richter
mal gnädige Brise

leise

Die Dichter
werden
leise

die Sänger stottern
in trauriger Erkenntnis
es ist

tonlose Kunst für blinde Augen

Am See

In den Binsen
am See
der großen Erwartungen
Schutz gesucht
vor Erfolgsjägern
und ihrem
Dreifaltigkeitsleim
aus Geld, Sex und Macht

mucksmäuschenstill
angehaltener Atem
die Seele
an der Hand genommen
geflohen
mit ihr
und einer Prise Glück

Federleicht

Federleicht
tanzen die Blätter
auf dem Wasser
das sie trägt
zur Mündung

dort

fällt die Nacht
sanft
um sie herum
wie ein Mantel

während sie im großen Strom
verschwinden
mit neuen Zielen

eines Tages
tun wir es ihnen gleich

Freunde

Zukunft
wird kleiner
Brennglas statt Fernglas
alles
leert sich

neuer Atem
ohne Fesseln

gezählte
Tage können Freunde sein

Winterland

Der Wohlklang
des Windes in kahlen Bäumen
im Winterland

weicht digitalem Rauschen
wir spielen Verstecken
in künstlichem Licht
hinter Monitoren

Bühne

Reicht
statt der Arie

ein

guter Ton?

abgesetzt in die Stille
die man aushalten muss
bis sie zur Bühne wird

Atlas

Viel, viel
Überfluss
reist auf schnellen Wegen
in die Bedeutungslosigkeit

Konsum lastet
auf unserem Denken
wie der Himmel
auf Atlas Schultern

Endfassung

Fehlender Mut
ist ein schlechter Zimmermann
man trägt ein schiefes Kreuz
ein banges Herz
das eher alt wird
als furchtlos

grundlos
denn
die Endfassung der Liebe
ist leiser
als ihr Entwurf
aber weiser

nimmt uns an der Hand
mit in einen Tag
der mit etwas Glück
etwas Glück bedeuten wird

insofern

Es kommen nicht die heim
die gingen
insofern
gibt es keine Heimkehr

Offene See

Ich treffe dich
auf offener See
kein Land in Sicht
kein Rand
am Wasser des Lebens

schwimmen
oder sinken
auf den Grund der Angst

Ahnung

Eine Begegnung

Worte in der Luft
parfümieren den Tag

ein Mensch allein
ist nur eine Ahnung
des Menschseins

Unterschätzt

Wärme und Licht
werden unterschätzt
von Menschen
in Wärme und Licht

abseits der Grenzen
an denen Flussufer frieren
über die kein Vogel fliegt
die keine arme Seele quert

in vollständiger Dunkelheit

ist nur der Tod
ein eiskaltes Licht

Schwarze Blumen

Der Wind trägt
unsere Seufzer übers Land
sät hier und da
schwarze Blumen
die schon in der Blüte müde sind
heute schon
das Licht verachten
nicht
nach dem Regen dürsten
der kommen mag

all die Seufzer
erschaffen
keinen besseren Tag

Meer

Ehrfürchtig stehen wir
vor dem großen
mal stillen
mal allmächtigen
Meer
unsere Seelen
Spaziergänger
am Horizont des Glücks

Ein kleines Licht

Ein kleines Licht
erleuchtet
still vergnügt
für sich
und andere den Weg

Zufriedenheit
besteht aus Atomen

Hinterhöfe

Konflikte
liegen
in Hinterhöfen
in die kein Licht fällt
wenn es nach uns geht
morgen
ist auch noch ein Tag
an dem
wir sie
ignorieren

Alles ordentlich

Alles ordentlich

Bäume
mit Wuchshilfen

gerade
soll es sein
in Norm
und kontrolliert

Unbekanntes ausgemerzt
vom schleichenden Gift
der Angst

die Ohren
sind gespitzt
meiden
jeden schiefen Ton

hören nichts
als das Geräusch
der Langeweile:

Stille

Hoch hinaus

Dort
die dünnen Wolken im Blau

wir
federleicht
im Wind den wir nicht steuern

hoch hinaus
über den Niederungen
in denen
wir Tage nieder gerungen
haben
mit aller Kraft die blieb

während Horizonte sich entfernten

Leichtigkeit
lässt sich schwer
hart erarbeiten
es bleibt nur
selbst auferlegte Pflicht

bis wir lernen
ungerichtet
ins Weiße zu denken
loszulassen
federleicht zu sein

und

Heimat ist
eine Bank am Meer

und

eine Melange aus
den Geräuschen
der Wellen und des Windes

und

du

Justage

Respekt
ist eine Nadel
im Heuhaufen
der Enthemmten

unsere Sinne
sind falsch trainiert
Ohren hören nur das lauteste
Geschrei und unsere Augen sehen
nur den grellsten Schein

mit ein wenig
Justage
ist alles um uns wieder
halb so schlimm

und das Grelle
und das Laute
dürfen Nadeln sein
in Haufen
ohne Beachtung

doch

Die Welt verändern
über Nacht
so schön
ausgedacht

doch Träume scheitern
an Solchen
die Vorteil finden
im Nachteil der Anderen

doch morgen
werde ich wieder träumen
die Nacht
ist unverzagt
weiß sie doch
nach ihr
kommt ein neuer Tag